THÉATRE DES VARIÉTÉS.

BIBLIOTHÈQUE THÉATRALE

Auteurs contemporains.

UN MONSIEUR

QUI NE VEUT PAS S'EN ALLER

VAUDEVILLE EN 1 ACTE

Par MM. CLAIRVILLE et LAMBERT THIBOUST.

Prix : 60 cent.

PARIS

D. GIRAUD ET J. DAGNEAU, LIBRAIRES-ÉDITEURS

7, RUE VIVIENNE, AU PREMIER, 7

Maison du Coq d'or.

1852

UN MONSIEUR

QUI NE VEUT PAS S'EN ALLER

VAUDEVILLE EN UN ACTE

PAR

MM. CLAIRVILLE ET LAMBERT-THIBOUST

Représenté pour la première fois, à Paris, sur le théâtre des Variétés, le 19 octobre 1852.

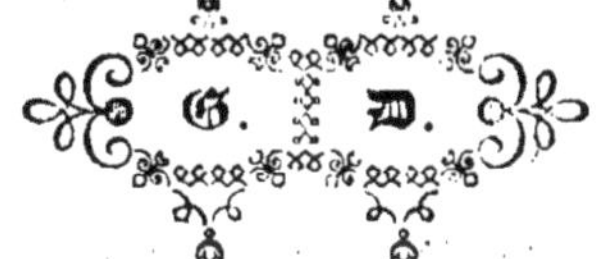

PARIS
D. GIRAUD ET J. DAGNEAU, LIBRAIRES-ÉDITEUR,
7, RUE VIVIENNE, AU PREMIER, 7

PERSONNAGES.

ANTINOUS RIFOLARD...............	MM. NUMA.
DARDANEL, *rentier*.................	MUTÉE.
CHATOYANT, *propriétaire*...........	OCTAVE.
LE PÈRE SABOURIN, *concierge*	CHARIER.
UN GARÇON DE BAINS................	ÉDOUARD.
Mme DARDANEL......................	Mlles BLONVAL.
BERTHE, *sa fille*	CÉNAU.
BRIQUETTE, *domestique*.............	ESTHER.
UN AUTRE GARÇON DE BAINS, *personnage muet.*	

La scène se passe à Paris, rue Sainte-Anne.

NOTA. Les indications sont prises du spectateur. — Les personnages sont inscrits en tête des scènes dans l'ordre qu'ils occupent au théâtre, c'est-à dire que le premier inscrit tient la gauche, et ainsi de suite. — Les changements de position sont indiqués par des renvois au bas des pages.

PARIS. — IMPRIMERIE DE J. B. GROS, RUE DES NOYERS, 74.

UN MONSIEUR

QUI NE VEUT PAS S'EN ALLER.

VAUDEVILLE EN UN ACTE.

Le théâtre représente un salon meublé confortablement. — Trois portes au fond; celle du milieu conduit au dehors, celle de gauche à la cuisine, et celle de droite à la chambre à coucher de M. et Mad. Dardanel. — Porte latérale, au troisième plan à droite, conduisant à la chambre de Berthe. — Au deuxième plan, du même côté, une cheminée, sur laquelle il y a une pendule, deux candelabres à trois branches, et deux vases.— On voit accrochée entre la cheminée et la porte à droite, une paire d'énormes pistolets. — A gauche, au deuxième plan, une fenêtre. — Du même côté, au troisième plan, une commode. — Une causeuse entre la porte du fond-milieu et celle du fond, à droite. — A gauche, une table avec papier, plumes et encre. — A droite, une petite table à ouvrage. — Un flambeau allumé sur chacune de ces tables. — Chaises. — La causeuse et les chaises sont recouvertes de housses en toile perse. — Gravures encadrées.

SCÈNE PREMIÈRE.

CHATOYANT, DARDANEL, BERTHE.

(Dardanel et Chatoyant, assis à la table de gauche, en face l'un de l'autre, jouent au bézig. — Berthe, assise près de la table à ouvrage, travaille à une tapisserie.)

CHATOYANT, *jouant.*

Eh bien! là, vrai, Dardanel, quand vous quitterez la maison, foi de propriétaire, il y aura quelque chose qui me manquera.

DARDANEL, *de même.*

Pardine!... il vous manquera un locataire pour votre second, et un partner pour votre partie de bézig.

CHATOYANT.

C'est si amusant de se livrer tous les soirs aux 250, aux 100 d'as et aux 80 de monarques.

DARDANEL.

Oui... mais ma femme prétend qu'à ce jeu-là on use son bois, son huile et ses yeux... et quand on est, comme nous, à la veille d'avoir deux termes sur les bras...

CHATOYANT.

C'est votre faute aussi... pourquoi m'avoir forcé à mettre écriteau?...

DARDANEL.

Parceque vos cheminées fument, et que des locataires ne sont pas des jambons... Et puis, voyez-vous, les médecins m'ont recommandé l'air des Pyrénées... et alors j'ai loué à Montmartre.

CHATOYANT.

A Montmartre, cette patrie du plâtre?...

DARDANEL.

Oui, c'est là que je veux finir ma carrière... loin des émotions fortes... car les émotions fortes me tueraient!... Oh! les émotions!...

CHATOYANT, *abattant son jeu.*

500!... et j'ai toutes les brisques. . Vous avez perdu, Dardanel... j'empoche vos deux sous.

DARDANEL, *plaçant la main sur son cœur.*

Encore une émotion!... Ah! vous m'avez fait bien mal!...

AIR : *De sommeiller encor, ma chère.*

Me causer une telle alerte,
Ce n'est pas généreux.

CHATOYANT.

Comment?

DARDANEL.

Vous auriez dû, pour m'annoncer ma perte,
Vous y prendre plus doucement.
Car, par nature, et voilà le terrible,
Je suis sensible, voyez-vous,

CHATOYANT.

Je vois que vous êtes sensible...
A la perte de vos deux sous!
Oui, mon cher, vous êtes sensible, *etc.*

Mais je suis beau joueur, et si vous voulez votre revanche?...

DARDANEL, *se levant.*

Oh! non, ce serait encore une émotion... et puis ce n'est pas au moment où je viens de louer à la campagne...

CHATOYANT, *se levant.*

A propos, est-il prêt votre nouveau logement?

DARDANEL.

Il va l'être... mais, vous concevez, je ne voulais pas aller à Montmartre, pour essuyer les plâtres.

CHATOYANT.

Comme c'est heureux pour vous que personne ne se soit présenté pour louer ce logement-ci... c'est que vous vous trouveriez sur le pavé, mon cher locataire.

DARDANEL, *en dehors.*

C'est ma foi, vrai.

SCÈNE II.

LES MÊMES, Mme DARDANEL, BRIQUETTE.

Mme DARDANEL, *en dehors.*

Allons, Mlle Briquette, allons...

DARDANEL.

Oh! voilà ma femme qui revient de Montmartre.

* Mme DARDANEL, *entrant par le fond-milieu, suivie de Briquette.*

Puisque vous n'avez plus rien à faire à la cuisine, allez travailler auprès de ma fille et achevez la robe de chambre de M. Dardanel. (*Elle lui donne son chapeau et son mantelet.*)

BRIQUETTE, *à part.*

C'est ça; me v'là tailleuse, maintenant... Oh! les pingres!... (*Elle sort par la porte du fond, à droite.*)

** CHATOYANT.

Eh bien! ça marche-t-il, là bas!

Mme DARDANEL.

Oh! bien, oui!... ces ouvriers, ça n'avance à rien. (*Touchant sa fille, qui s'est endormie sur son ouvrage.*) Eh! Dieu me pardonne! c'est ici comme à Montmartre!... Voyons où en est votre chien en tapisserie! (*Briquette rentre; elle apporte une robe de chambre, et s'assied près de Berthe, de l'autre côté de la table à ouvrage.*)

*** BERTHE, *présentant son ouvrage à sa mère.*

Voici, maman!

Mme DARDANEL.

Là! toujours à la même oreille!... Que diable! Berthe, depuis ce matin, vous devriez avoir attaqué le museau.

BRIQUETTE, *à part, travaillant*

Pourquoi pas les pattes?...

* Cha. — Dar. — Mad. Dar. — Bri. — Ber.
** Cha. — Dar. — Mad. Dar. — Ber.
*** Cha. — Dar. — Mad. Dar. — Bar. — —ri.

CHATOYANT.

Hé! hé! chez les jeunes filles, le cœur va plus vite que l'aiguille... ça pense au mariage.

Mme DARDANEL.

Je veux que ma fille ne pense qu'à son chien... et quand il sera terminé, je lui ferai faire un chat.

BRIQUETTE, *à part.*

C'est ça... toute une ménagerie.

* DARDANEL, *venant entre sa femme et sa fille.*

Allons, bobonne, laisse-la donc respirer, cette chère enfant!... Quand je pense que nous avons été sur le point de la perdre. (*Mme Dardanel va à la table de gauche et range les cartes qu'elle met dans la commode.*)

CHATOYANT.

Dans la foule?

** DARDANEL.

Non, dans l'eau... et c'est bien plus difficile pour demander son chemin.

CHATOYANT.

Oh! j'ignorais...

DARDANEL.

C'est la faute de Dardouillet, ce Jean-Bart d'eau douce, qui passe sa vie a canoter, et qui a voulu que nous canotassions avec lui... tant il y a que le 25 août, nous naviguions le soir près de l'île des Ravageurs, lorsqu'un autre esquif, éclairé à *giorno*, et monté par quelques jeunes fous qui sortaient de la Folie-Asnières, est venu, sans crier gare, heurter notre embacation... Patatras! voici Berthe au fond de la rivière!...

Mme DARDANEL.

Et c'en était fait de notre pauvre enfant...

BERTHE, *se levant.*

Sans un Monsieur bien doux, bien poli, qui, voyant mon danger, s'élança de l'autre barque, me saisit bien doucement, me replaça dans le canot de mon père, puis, sans attendre nos remercîments, s'éloigna à force de rames, avec ses amis, en répétant la chanson du canotier.

BRIQUETTE, *se levant.*

Une chouette de chanson, je m'en vante.

DARDANEL.

Ma cuisinière la sait. Allons, vas-y, ma cuisinière... Chatoyant,

* Cha. — Mad. Dar. — Dar. — Ber. — Bri.

** Mad. Dar. — Cha. — Dar. — Ber. — Bri.

écoutez-moi ça. (*Briquette passe au milieu ; Mme Dardanel va s'asseoir près de la table à ouvrage, à la place qu'occupait sa fille.*)

* BRIQUETTE.

AIR *nouveau de M. Bazille.*

Canotier,
Quel joli métier !
Ohé !
Mill' sabords !
Mill' sabords !
Canotier,
Quel joli métier !
Vive, vive le canotier !

Le dimanche, vers l'il' d'Asnière,
En pinçant la même chanson,
Les canotiers, les canotières
Dirigent leur gai pavillon.
Ils vont courir les aventures,
Laissant leur voile au gré du vent,
Car les naufrag's et les fritures,
Voilà, voilà leur élément.

REPRISE ENSEMBLE.

Canotier, *etc.*

DARDANEL.

C'est gentil, pas vrai, Chatoyant ?... Allons, Briquette, lâche le second couplet.

BRIQUETTE.

DEUXIÈME COUPLET.

Pour de nouvelles découvertes,
Ils vont, sans craindre le danger...
Dans des îles presque désertes,
On en a mêm' vu naufrager.
Ils trouvent tout dans ces parages,
Comm' feu Robinson Crusoé,
Mais on dit qu'en fait d'femm's sauvages
Les canotiers n'ont rien trouvé.

REPRISE ENSEMBLE.

Canotier, *etc.*

(*Briquette retourne s'asseoir à sa place.*)

** DARDANEL.

Ah ! ce refrain m'émotionne !

* Cha. — Dar. — Bri. — Ber. — Mad. Dar.
** Cha. — Dar. — Ber. — Mad. Dar. — Bri.

CHATOYANT.

Et vous n'avez pas pu retrouver ce sauveur?

BERTHE.

Mon Dieu, non! Il n'est pas venu réclamer la récompense honnête.

BRIQUETTE.

Faut-il être négligent!...

DARDANEL.

Ce qui nous a épargné, à ma fille un baiser... et à moi, 25 francs. (*Ici, on entend frapper au plancher.*)

Mme DARDANEL.

Tiens! qui est-ce qui cogne donc comme çà au plancher?

CHATOYANT.

C'est ma jeune épouse qui me cogne, pour me faire rentrer... Elle est très-cognante, ma jeune épouse!... (*Madame Dardanel se lève, Berthe se rassied à sa place.*) * Mais, au fait... (*Regardant sa montre.*) il est huit heures... (*Passant près de Mme Dardanel et saluant.*) ** Mesdames... mon cher Dardanel... (*Fausse sortie.*) Ah! j'oubliais... vous savez que vous m'avez donné congé le 8, passé midi... nous voici au 17... si, d'ici ce soir, aucun locataire ne se présente, tant pis pour vous... vous me paierez le terme.

DARDANEL.

Chatoyant, vous allez me donner une émotion!...

CHATOYANT.

Oh! j'en serais désolé!... mais retenez bien ça... ou je retiens vos meubles!...

Mme DARDANEL.

Mais... (*On frappe de nouveau au plancher.*)

CHATOYANT.

Bonsoir, bonsoir... voilà ma jeune épouse qui me recogne. (*Il sort par le fond-milieu.*)

SCÈNE III.

DARDANEL, Mme DARDANEL, BERTE, BRIQUETTE.

DARDANEL.

Vieux pingre!... vieille canaille!... un homme qui se dit mon

* Cha. — Dar. — Mad. Dar. — Ber. — Bri.
** Dar. = Cha. — Mad. Dar. — Ber. — Bri.

ami, qui m'a gagné deux sous, qui les empoche, et qui me menace de retenir mon mobilier !

Mme DARDANEL.

Au fait, il est dans son droit. C'est bien aujourd'hui le 17... et à moins que nous ne louions cette nuit !...

DARDANEL.

Est-ce que vous auriez la prétention de louer à des chats ?

SCÈNE IV.

LES MÊMES, SABOURIN.

* SABOURIN, *entrant par le fond-milieu.*

M. Dardanel !... M. Dardanel !...

DARDANEL, *sursautant.*

Qu'est-ce que c'est ? qu'est-ce qu'il y a ?

SABOURIN.

Pardon de vous incommoder, mais c'est que...

DARDANEL.

Quoi ?

SABOURIN.

Un monsieur, qui a vu l'écriteau, insiste pour visiter votre local. (*Il va à la fenêtre.*)

** DARDANEL.

O Providence !... oui, par cette nuit obscure, il n'y a que ton doigt qui ait pu conduire cet homme rue Ste Anne !... Toi, Berthe, rentre chez toi... vous, père Sabourin, faites monter cet étranger avec les plus grands égards. (*Berthe et Briquette se sont levées.*)

SABOURIN.

Ça suffit, Monsieur. (*Il sort par le fond-milieu.*)

*** DARDANEL, *allant à la porte du fond, à la cantonnade.*

Les plus grands égards, entendez-vous ?... Soyez plat, s'il le faut. (*Redescendant.*)

AIR : *De l'apothicaire.*

Pour louer notre appartement,
Suivons la méthode ordinaire :
Qu'il n'ait aucun désagrément
Aux yeux du nouveau locataire !

* Dar. — Sab. — Mad. Dar. — Ber. — Bri.
** Sab. — Dar. — Mad. Dar. — Ber. — Bri.
*** Mad. Dar. — Dar. — Ber. — Bri.

(*Regardant la cheminée.*)

O ciel! du feu... quel embarras,
S'il voit fumer la cheminée!...
Mes amis, ne lui disons pas
Qu'elle vient d'être ramonée!

ENSEMBLE.

Oui, surtout ne lui disons pas, *etc.*

(*Berthe sort par la porte à droite, et Briquette par celle du fond à droite, en emportant la robe de chambre.*)

* SABOURIN, *paraissant au fond, en dehors.*

Oui, monsieur, vous serez content du local... une maison très-bien habitée, quand il y a du monde... et un excellent portier... c'est moi!...

SCÈNE V.

Mme DARDANEL, SABOURIN *au deuxième plan*, RIFOLARD, DARDANEL.

(*Rifolard écarte Sabourin et entre par le fond du milieu — Il tient sous son bras un trombonne.*)

RIFOLARD.

Pardon, Monsieur et Madame, de venir à une heure aussi disgrâcieuse... Je serais désolé d'être importun... je ne l'ai jamais été... je ne le serai jamais... mais...

DARDANEL.

Comment donc, Monsieur, vous ne nous dérangez pas du tout... Ma femme, débarrasse-donc Monsieur...

Mme DARNDANEL.

C'est ce que j'allais faire. (*Elle prend le trombonne de Rifolard*),

RIFOLARD.

Trop bonne, en vérité... Essuyez le trombonne...

Mme DARDANEL, *à part.*

Eh bien! il est sans gêne. (*Elle prend une serviette dans la commode et essuie l'instrument.*)

RIFOLARD.

Parce que des taches sur le cuivre... (*A Dardanel.*) Ah! ça, Monsieur... (*Se retournant vers Mme Dardanel.*) Oh! plus fort que ça!... plus fort que ça!... (*Mme Dardanel achève d'essuyer le*

* Mad. Dar. — Lab. — Dar.

trombonne qu'elle pose sur la commode et revient en scène. — A Dardanel.) Nous disons donc que l'appartement se compose...

SABOURIN, *s'approchant.*

Se compose de...

RIFOLARD, *repoussant Sabourin.*

Laissez parler Monsieur, sa figure a quelque chose de plus descriptif. *(Sabourin reste au deuxième plan.)*

DARDANEL.

Eh bien! Monsieur, voici d'abord le salon.

RIFOLARD.

C'est mal fichu, mal rangé... c'est laid... très-laid... *(Allant ouvrir la porte du fond à gauche.)* Et cette pièce?

* SABOURIN.

La cuisine... une cuisine bien claire.

RIFOLARD.

Quand on s'abonne au gaz... *(Il referme la porte. — Passant à droite, et allant ouvrir la porte du fond, à droite.)* Et cette chambre? **

DARDANEL.

Notre chambre à coucher! *(Riforlard referme la porte.)*

RIFOLARD, *redescendant mélancoliquement, à part, en regardant Mme Dardanel.*

C'est là qu'ils sont heureux! *(Il soupire.)*

DARDANEL, *bas à sa femme.*

Qu'a-t-il donc?...

RIFOLARD, *désignant la porte à droite.*

Eh! mais, je ne suis pas entré là dedans!.. *(Il va pour entrer.)*

DARDANEL, *allant à lui et l'arrêtant.*

Pardon, Monsieur, mais c'est la chambre de ma fille!...

*** Mme DARDANEL, *s'approchant.*

Et elle se déshabille!...

RIFOLARD.

Ça ne fait rien... je ne suis pas bégueule... entrons tout de même.

**** DARDANEL, *venant se mettre entre lui et la porte.*

Monsieur, dussiez-vous ne pas louer... je m'oppose à cette inspection déplacée.

RIFOLARD, *prenant M. et Mme Dardanel par la main et redescendant avec eux.*

Ah!... on voit bien que vous ne me connaissez pas... Je se-

* Mad. Dar. — Rif. — Sab. — Dar.
** Mad. Dar. — Sab. — Dar. — Rif.
*** Sab. — Mad. Dar. — Dar. — Rif.
**** Sab. — Mad Dar. — Rif. — Dar.

rais désolé d'être importun... je ne l'ai jamais été... je ne le serai jamais!

DARDANEL, *à part.*

Il est charmant!

RIFOLARD.

Mais, dites-moi, par état, je chante... je fais chanter, et je tiendrais beaucoup, mais beaucoup... à savoir si cet appartement est propice pour la voix... (*A Sabourin.*) Lâchez quelques notes, concierge.

* SABOURIN, *venant entre Mme Dardanel et Rifolard.*

Par exemple, voilà la première fois qu'un locataire...

** DARDANEL, *passant près de Sabourin.*

Chantez, Sabourin, pour que Monsieur puisse juger de l'acoustique.

SABOURIN.

De l'encaustique?...

DARDANEL, *le faisant passer près de Rifolard.*

Chantez, Sabourin, chantez.

*** SABOURIN.

Du moment que c'est pour juger de l'encaustique, ça me regarde. (*Toussant, comme pour se mettre en voix.*) Hum! hum!...

RIFOLARD.

J'écoute...

SABOURIN, *chantant, avec une voix de fausset.*

Ah! dis-moi, douce Marie,
N'es-tu pas la plus jolie
Des filles...

RIFOLARD, *l'interrompant et le repoussant.*

Très-bien! très-bien! **** Mais je jugerais mieux sur un duo... (*A Dardanel.*) Si vous vouliez bien émettre quelques sons?..

DARDANEL, *offusqué.*

Moi?..

Mme DARDANEL, *bas à son mari.*

Songe au terme...

DARDANEL, *souriant.*

Comment donc, Monsieur, certainement...

RIFOLARD.

Je ne voudrais pas être indiscret...

* Mad. Dar. — Sab. — Rif. — Dar.
** Mad. Dar. — Sab. — Dar. — Rif.
*** Mad. Dar. — Dar. — Sab. — Rif.
**** Mad. Dar. — Dar. — Rif. — Sab.

DARDANEL.

Du tout, du tout... Laissez-moi seulement me rappeler... Ah!.. (*Chantant d'une voix formidable.*)

Qu'il est bien, monsieur Nicolas !...
Ah ! ah ! ah ! ah !
Qu'il est bien (*ter*), monsieur Nicolas !...
Ah !... ah !...

RIFOLARD, *l'interrompant.*

C'est bien !... (*A part.*) Je suis fâché de l'avoir fait chanter !... (*Haut.*) J'avais demandé un duo... Enfin !... Mais ce ne sont là que des voix d'hommes, et jusqu'à présent je n'ai que des êtres femelles... et, si je ne craignais d'être importun, je prierais aussi Madame de vouloir bien remplir l'air d'un brin d'harmonie...

Mme DARDANEL.

Comment, moi aussi ?...

RIFOLARD.

Si je suis indiscret...

DARDANEL.

Mais, non... mais non... (*Bas à sa femme.*) Chante, n'importe quoi !...

Mme DARDANEL.

Volontiers. (*Chantant.*)

C'est le jardin de Jenny l'ouvrière...

DARDANEL, *bas.*

Plus fort... plus fort que ça !...

Mme DARDANEL, *chantant plus fort.*

Au cœur content...

RIFOLARD, *l'interrompant.*

Oh ! pardon, Madame, pardon... une autre idée... Voulez-vous me permettre de vous placer au milieu ?... (*Il la prend par la main et la fait passer à la gauche de Dardanel. — A Sabourin.*) Portier ici !... (*Sabourin s'approche, il le place à côté de madame Dardanel.*) * Je crois que l'union de vos trois voix... (*Montrant Dardanel.*) je compte celle de Monsieur... va produire un phénomène... Vous pardonnerez l'enthousiasme d'un artiste... Veuillez recommencer tous les trois... bien ensemble... Il est inutile de changer vos airs, qui, je crois, vont se marier délicieusement...

DARDANEL.

Mais, Monsieur...

* Dar. — Mad. Dar. — Sab. — Rif.

RIFOLARD, *s'asseyant près de la table à ouvrage.*

Je vais donner le signal... y êtes-vous?...

DARDANEL.

Mais...

RIFOLARD.

Partez!... (*Ici Sabourin chante la Douce Marie, Dardanel le Beau Nicolas, et madame Dardanel Jenny l'Ouvrière — Se levant et les interrompant.*) Assez! assez!... (*A part.*) Ils chantent!... Ils sont heureux!... Ah! leur allégresse me fait froid dans le dos!... (*Sabourin remonte à gauche au second plan.*)

* DARDANEL.

Eh bien, Monsieur, êtes-vous décidé?

RIFOLARD, *passant près de Dardanel.*

Oui, ce logement me plaît.

** TOUS, *avec satisfaction.*

Ah!...

RIFOLARD.

Combien de loyer?... je paie tout de suite.

*** SABOURIN, *venant près de Rifolard.*

Une bagatelle!... 800 francs!...

RIFOLARD.

Alors, ça ne me convient pas... je ne veux mettre que 120 fr.!...

TOUS, *stupéfaits.*

120 francs!...

RIFOLARD.

Mais je n'ai qu'une parole... diminuez-moi de 680 francs, et j'entre tout de suite en jouissance.

DARDANEL.

Ah ça! Monsieur, vous moquez-vous de nous?...

RIFOLARD.

Si je suis importun...

DARDANEL, *furieux.*

Comment, si vous êtes...

**** Mme DARDANEL, *allant à son mari.*

Modère-toi! mon ami!...

DARDANEL.

Ah! c'est vrai... j'allais avoir une émotion violente.

* Sab. — Dar. — Mad. Dar. — Rif.
** Sab. — Dar. — Rif. — Mad. Dar.
*** Dar. — Sab. — Rif. — Mad. Dar.
**** Sab. — Dar. — Mad. Dar. — Rif.

SCÈNE VI.

LES MÊMES, BERTHE.

* BERTHE, *arrivant par la porte à droite.*

Mais qu'est-ce donc?... ce bruit?...

RIFOLARD, *avec élan, à sa vue.*

Ah!...

BERTHE, *s'arrêtant.*

Un monsieur!...

DARDANEL, *passant près de Rifolard.*

Que venez-vous faire ici, Mademoiselle?... rentrez...

** RIFOLARD, *arrêtant Dardanel.*

Pardon... (*Regardant Berthe; à lui-même.*) Œil bleu, menton à fossette, corsage de nymphe aux abois... mon rêve réalisé!... (*Bas à Dardanel, qu'il prend à part.*) Monsieur, je vous demande un entretien particulier. (*Madame Dardanel va à sa fille.*)

*** DARDANEL.

Monsieur, je n'ai pas le temps.

RIFOLARD.

Je ne voudrais pas être importun, mais il y a des circonstances dans la vie, où, quand deux hommes se comprennent, ils doivent s'entendre... Donc, vous devez m'écouter.

DARDANEL.

Monsieur, je pourrais me mettre en colère; mais les émotions violentes me sont interdites... Je veux bien consentir à perdre encore dix minutes avec vous... mais, passé ce laps, si vous ne vous en allez pas, je vous fiche à la porte.

RIFOLARD, *le repoussant.*

Dix minutes... c'est plus que je n'osais espérer... (*Il passe à gauche.*)

**** SABOURIN, *s'approchant de Dardanel.*

Monsieur n'a plus besoin de moi?...

DARDANEL, *bas.*

Pour le moment, non... (*Regardant Rifolard.*) Je vous appellerai peut-être tout à l'heure... ne vous éloignez pas.

SABOURIN, *bas.*

Il suffit.

* Sab. — Dar. — Mad. Dar. — Rif — Ber.
** Sab. — Mad. Dar. — Dar. —Rif. — Ber.
*** Sab. — Dar. — Rif. — Mad. Dar. — Ber.
**** Rif. — Sab. — Dar. — Mad. Dar. — Ber.

DARDANEL, *à sa femme et à sa fille.*

Et vous, Mesdames, rentrez.

ENSEMBLE.

AIR : *Polka de la Sontag.*

Quel étrange mystère !
Comment le définir?...
En ce lieu quelle affaire
Peut donc le retenir?

(*Madame Dardanel et Berthe sortent par la droite, et Sabourin par le fond-milieu.*)

SCÈNE VII.

RIFOLARD, DARDANEL.

(*Rifolard prend la chaise qui est contre la table à gauche et la place à l'avant-scène, au milieu du théâtre.*)

RIFOLARD.

Donnez-vous donc la peine de vous asseoir.

DARDANEL, *avec impatience.*

Vous êtes bien bon... Après vous.

RIFOLARD.

Jamais !... moi, oublier ce que je dois à l'extrême vieillesse...

DARDANEL.

Hein?...

RIFOLARD.

Asseyez-vous le premier, Monsieur, vos cheveux vous donnent ce privilége. (*Dardanel va pour s'asseoir, Rifolard le prévient et s'assied lui-même le premier.*)

DARDANEL, *à part.*

Voilà un drôle de particulier, par exemple ! (*Il prend la chaise qui est près de la table à ouvrage, et s'assied à côté de Rifolard.*)

RIFOLARD.

Mon Dieu !.... Peut-être me trouvez-vous indiscret, Monsieur, et.....

DARDANEL.

Allez au fait, Monsieur...

RIFOLARD.

Comment vous nommez-vous?...

DARDANEL.

Dardanel...

RIFOLARD.

Allons donc !... Dardanel! mais j'ai connu un détroit de ce nom-là.

DARDANEL.

Ce n'est pas moi.

RIFOLARD.

Je m'en doutais.

DARDANEL.

Mais, Monsieur, puis-je, à mon tour, savoir à qui j'ai l'avantage... et ce qui me procure l'avantage...

RIFOLARD.

Je m'appelle Antinoüs Rifolard. Je suis orphelin, Monsieur.... Mon père mourut en me donnant le jour... Mais j'avais un oncle maternel... Cet oncle... (*se reprenant.*) Cet homme.... J'aime mieux dire cet homme... cet.... j'ai des raisons pour çà... Cet hom... Vous n'avez pas besoin de les connaître... Du reste, vous allez les savoir... Cet homme subvint aux petits besoins de ma naïve enfance. Un beau jour... (*Avec ironie.*) Oh !... un beau jour !... Enfin, je l'ai dit... un beau jour, il se maria... Soyez attentif, Monsieur,... c'est ici que la situation se dessine...

DARDANEL, *à part.*

Est-ce qu'il va me raconter l'histoire de son oncle?

RIFOLARD, *mettant son pied sur la chaise de Dardanel.*

Mon oncle se marie donc!...

DARDANEL, *obligé de se reculer un peu pour faire place au pied de Rifolard.*

Oui, le voilà marié, votre oncle!.... Nous posons bien que le voilà marié!...

RIFOLARD.

Avec une jeune fille charmante, Dardanel.

DARDANEL.

Hein?...

RIFOLARD.

Elle aimait la valse... je l'aimais aussi... nous valsions chaque fois que mon oncle était absent... Il n'était jamais chez lui, mon oncle... Bref, nous abusâmes de la valse!... si bien qu'un jour, lorsque je revins chez cet oncle maternel... plus personne.... il avait disparu, le savoyard!...

DARDANEL, *ouvrant sa tabatière.*

Dame... écoutez donc...

RIFOLALD, *plongeant ses doigts dans la tabatière.*

Il avait filé le cuistre.

DARDANEL.

Dites-donc, vous plongez dans mon tabac à la fève!

RIFOLARD.

Ah ! c'est par distraction... Je ne prends pas de ces saletés-là ! (*Il souffle le tabac dans la figure de Dardanel.*)

DARDANEL, *se levant.*

Ah ! sapristi !... finissez donc !... vous m'aveuglez !...

RIFOLARD, *le faisant rasseoir.*

Pardon... vous ne m'écoutez pas avec assez d'attention...

DARDANEL.

Mais, si... voyons... je vous écoute... achevez !...

RIFOLARD.

Quand mon oncle m'eut abandonné, sans autres ressources que mon trombonne, je vivottais, je boulottais, jusqu'au jour où mon propriétaire, un autre savoyard, saisit mon mobilier, et me flanqua à la porte... pourquoi ?... pour cinq termes échus .. cinq malheureux termes !... (*Lui frappant fortement sur la cuisse.*) Dardanel, soyez attentif.

DARDANEL.

Oh ! je vous écoute avec le plus vif intérêt... Allez votre train.

RIFOLARD.

Vous ai-je dit que, malgre mes recherces...

DARDANEL.

Oh ! ça ne fait rien... faites comme si vous l'aviez dit...

RIFOLARD, *se levant, en frappant du pied sur celui de Dardanel.*

Affreux propriétaire !

DARDANEL, *se levant aussi.*

Aïe !...

RIFOLARD.

Oh ! les propriétaires !.... Si je le tenais, celui-là !.... Je suis naturellement doux !... mais si je le tenais !... (*Il revient près de Dardanel, qui s'est rassis, le prend à la gorge et le secoue rudement.*)

DARDANEL, *se levant.*

Aïe !... aïe !...

RIFOLARD, *le faisant tourner.*

Qu'est-ce que ça vous fait ?.. Ce n'est pas à vous que j'en veux.. C'est au propriétaire !... (*Le jetant sur la chaise de gauche.*) Donnez-vous donc la peine de vous asseoir !...

* DARDANEL.

Mais, Monsieur...

RIFOLARD.

Je vous ai fait mal ?...

DARDANEL, *se rajustant et cherchant à se contenir.*

Non, au contraire... allez votre train...

* Dar. — Rif.

RIFOLARD.

Où en étais-je?...

DARDANEL.

Où vous voudrez... si vous ne vous rappelez pas, faites des coupures...

RIFOLARD, *restant debout et posant son pied sur la housse de sa chaise.*

Il ne me restait...

DARDANEL, *voulant retirer le pied de Rifolard.*

Mais, dites donc...

RIFOLARD.

Oh! ça ne me gêne pas... (*Mouvement de Dardanel.*) Il ne me restait que ce trombonne et dix francs... savez-vous pourquoi je suis venu ici?...

DARDANEL.

Mais... pour voir le logement.

RIFOLARD, *haussant les épaules et quittant la chaise.*

Allons donc!... pour qui me prenez-vous?... Est-ce que l'on vient rue Sainte-Anne, pour voir des logements?... (*Se rasseyant et d'un ton de confidence.*) Non... je... je suis venu ici... pour... (*Il regarde autour de lui.*) pour me brûler la cervelle.

DARDANEL, *se levant, effrayé.*

Monsieur!...

RIFOLARD, *sans se bouger et le faisant rasseoir.*

Mais restez donc... il a la manie de se lever!... je vais le tenir... (*Il appuie sa main sur le genou de Dardanel.*) Mon intention était de consacrer mes derniers cent sous à l'acquisition d'un pistolet... mais, avant d'en finir, j'ai voulu assister, une dernière fois, aux épanchements d'un bonheur intime... contempler une famille heureuse... (*Dardanel recule sa chaise petit à petit.*) Un bon bourgeois... dans sa maison... son épouse, sa fille, sa domestique, son chien, son chat, son perroquet...

DARDANEL, *reculant toujours sa chaise, à part.*

Il est fou!...

RIFOLARD.

Enfin, j'allais partir... lorsque votre fille fit son entrée... par la gauche... à peine l'ai-je entrevue... (*Se levant brusquement.— Dardanel se lève aussi, effrayé, et remet sa chaise contre la table.*) Puissance du ciel!... œil bleu!... menton à fossette!... (*Il passe à gauche.*)* corsage de nymphe aux abois!... la Vénus Callypige!... la Venus accroupie!... toutes les Venus tempérées par la pudeur!... (*Dardanel a remis près de la table à ouvrage, la chaise de Rifolard, qui repasse à droite.*)** Mon rêve enfin, mon

* Rif. — Dar.
** Dar. — Rif.

rêve réalisé !... oh ! je dois vivre... car je l'aime, cette jeune fille !... As-tu follement aimé, Dardanel ?

DARDANEL, *à part.*

Il me tutoie !...

RIFOLARD.

Oui, tu as aimé... car tes yeux s'animent... ton passé flamboie dans ton regard oblique !... ta laideur... ta laideur même disparaît devant ce passé, et lui prête un nouveau charme !... Tu as aimé, Dardanel !... donc tu me comprends !... je n'ai aucune position sociale... je suis criblé de dettes... je te demande la main de ta fille !

DARDANEL, *au comble de l'exaspération.*

Monsieur ?...

RIFOLARD, *avec exaltation.*

Tu consens !... je lis dans ton œil que tu consens !... moi, ton gendre ! .. oh ! maintenant tu peux mourir, vieillard ! car tu as un ami pour te fermer les yeux !... (*Très-tranquillement, reprenant sa chaise, qu'il remet au milieu et se rasseyant.*) Causons de la dot.

DARDANEL.

Monsieur .. j'ai cinquante...

RIFOLARD.

Mille livres de rentes...

DARDANEL.

J'ai cinquante-trois ans...

RIFOLARD, *à part.*

Oh ! il a mieux que ça.

DARDANEL.

J'ai satisfait à la loi du recrutement... je suis rentier...

RIFOLARD.

Tant mieux !...

DARDANEL.

J'ai l'honneur de vous dire que je suis allé à l'établissement philantropique de Charenton...

RIFOLARD.

Combien donnez-vous ?...

DARDANEL.

J'ai vu bien des toqués, Monsieur... j'en ai bien vu qui avaient des tics, Monsieur, et qui se livraient à des mots ridicules, à des actions blâmables et contraires à l'austère pudeur !... mais je veux être pendu, si j'ai jamais rencontré un animal de votre numéro !...

RIFOLARD, *lui tournant le dos.*

Oh ! Dardanel !... Dardanel !...

* DARDANEL, *passant de l'autre côté.*

Je ne me mets pas en colère, parce que je suis sanguin, et qu'une émotion violente me tuerait!... (*S'animant.*) mais tu es un paltoquet, un drôle... et je t'enjoins de vider mes lares illico!...

RIFOLARD, *lui tournant encore le dos.*

Oh! Dardanel!...

** DARDANEL, *repassant de l'autre côté.*

Ah! tu nous fais chanter, moi, mon épouse et mon portier!... et maintenant, tu m'avoues que tu es un être sans aveu!... et tu me demandes mon héritière, pour la traîner à l'autel!... (*Criant très-fort.*) J'éclate à la fin!... sors, scélérat, si tu ne veux pas que je me mette en colère!... sors, si tu ne veux pas que j'appelle mes gens pour te flanquer dehors!... (*Appelant.*) Briquette!... Briquette!... (*Il va ouvrir la porte du fond a droite.*)

*** RIFOLARD, *a part, très-calme.*

Dois-je souffleter ce vieillard bilieux?...

**** DARDANEL, *ouvrant la porte du fond-milieu.*

Briquette!... Briquette!...

RIFOLARD, *à part, se levant.*

Non... respectons le père de mon épouse. (*Il range sa chaise près de la table à ouvrage.*)

DARDANEL, *allant ouvrir la porte du fond à gauche.*

Briquette!... Briquette!...

SCÈNE VIII.

LES MÊMES, BRIQUETTE.

***** BRIQUETTE, *accourant par le fond à gauche.*

Quoi qu'c'est y, m'sieu?

DARDANEL.

Briquette, je te donne 200 fr. pour tout faire.

RIFOLARD.

Ça n'est pas payé!...

DARDANEL.

Je t'enjoins de prendre monsieur et de le flanquer par la fenêtre. (*Il va ouvrir la fenêtre.*)

* Rif. — Dar.
** Dar. — Rif.
*** Rif. — Dar.
**** Dar. — Rif.
***** Bri. — Dar. — Rif.

* BRIQUETTE, *riant.*)

Moi, m'sieu?... oh cte farce!...

DARDANEL.

Briquette, obéis!...

BRIQUETTE.

Mais, j'suis pas assez corporée pour ça, m'sieu!

RIFOLARD.

Briquette, tu es une bonne fille... tiens!... (*Il l'embrasse.*)

** DARDANEL, *furieux, venant entre eux.*

Tu embrasses ma cuisinière!...

RIFOLARD, *le repoussant, et gagnant la gauche, en passant devan[t] Briquette.*

N'écoute pas mon beau-père!... il est fou!...

*** DARDANEL, *poussant un cri.*

Ah!...

BRIQUETTE, *que le cri de Dardanel fait sauter.*

Ah! vous m'avez fait peur, m'sieu!

DARDVNEL.

Son beau-père!... il ose!... qu'on aille me chercher l[a] garde!... qu'on aille me chercher la garde!... (*Rifolard s'as[s]ied près de la table à gauche.*

SCÈNE IX.

LES MÊMES, Mme DARDANEL *et* BERTHE. (*Elles entrent par la droite*

**** *ENSEMBLE.*

AIR : *Grand Dieu! quel bruit et quel tapage!* (Fra Diavolo.

Pourquoi ces cris et ce tapage...
A pareille heure de la nuit?..
Vous réveillez le voisinage...
De grâce, faites moins de bruit!

Mme DARDANEL.

Qu'est-ce donc, mon ami?

BERTHE.

Papa!

DARDANEL, *à Rifolard.*

Sors, vil saltimbanque!...

* Dar. — Bri. — Rif.
** Bri. — Dar. — Rif.
*** Rif. — Bri. — Dar.
**** Rif. — Bri. (*au deuxième plan*). — Mad. Dar. — Dar. — Ber.

RIFOLARD.

Sortir!... moi!... jamais!... je reste!... je me trouve bien... Quand on se trouve bien quelque part, il ne faut jamais s'en aller.

DARDANEL.

Ah! c'est trop fort!... à moi mes pistolets de fort calibre!... (*Il va en prendre un à la cheminée.*

** RIFOLARD.

Qu'est-ce qu'il dit?...

* DARDANEL, *revenant au milieu et dirigeant son pistolet sur Rifolard, pendant que sa femme et sa fille le retiennent.*

Sors!... ou je te brûle!...

RIFOLARD, *se levant vivement, et prenant son trombonne et son chapeau que Briquette lui présente.*

Oh! sapristi!... (*Il sort en courant par la porte du fond-milieu, qui se referme sur lui. — Berthe remonte près de Briquette.*)

** Mme DARDANEL, *prenant le pistolet des mains de son mari, et le donnant à Briquette qui le sert dans la commode.*

Ah! mon ami, que tu m'as fait peur!... j'ai cru que tu allais le tuer!...

DARDANEL, *riant.*

Le tuer!... ces pistolets ne sont seulement pas chargés!...

*** RIFOLARD, *r'ouvrant la porte du fond-milieu, et passant sa tête.*

Ils ne sont pas chargés!... sapristi!... fallait donc le dire!... *Il va poser son chapeau sur un vase et son trombonne dans l'encoignure de la cheminée.*)

**** DARDANEL, *allant tomber près de la chambre à gauche.*

Encore lui!... encore!...

RIFOLARD, *riant.*

Toujours!... je me fixe ici!...

Mme DARDANEL.

Mais, Monsieur...

RIFOLARD.

Madame, il me sera doux de vous appeler belle-maman. (*Il va s'asseoir sur la chaise à côté de la table à ouvrage.*)

DARDANEL, *se levant et jetant un cri.*

Ah!...

TOUS, *effrayés, moins Rifolard*

Quoi donc?...

* Rif. — Bri. (*au deuxième plan*). — Mad. Dar. — Ber. — Dar.
** Rif. — Bri. (*au deuxième plan*). — Mad. Dar. — Dar. — Ber.
*** Bri. — Ber. (*au deuxième plan*). — Mad. Dar. — Dar.
**** Bri. — Ber. (*au deuxième plan*). — Mad. Dar. — Dar. — Rif.
***** Dar. — Bri. — Ber. (*au deuxième plan*). — Mad. Dar. — Rif.

* DARDANEL, *allant à la fenêtre et criant.*

Père Sabourin!... père Sabourin!...

SABOURIN, *en dehors.*

Me voilà!... je monte!...

DARDANEL.

Oh! la colère!... la fureur!... (*Il vient se rasseoir sur la chaise à côté de la table.*

Mme DARDANEL.

Mon ami!...

BERTHE,

Papa!... (*Elles l'entourent.*)

** RIFOLARD, *contemplant Berthe qui lui fait face.*

Œil bleu!... menton à fossette!... corsage de nymphe aux abois!... mon rêve réalisé!... (*Sabourin entre par le fond-milieu, Briquette va fermer la fenêtre.*

SCÈNE X.

LES MÊMES, SABOURIN.

*** SABOURIN.

Me voilà, monsieur!... (*Dardanel se lève.*)

DARDANEL.

Concierge, saisissez cet homme dangereux!

SABOURIN, *mettant sa casquette de côté.*

Encore ici!... le fait est qu'elle est trop forte!... (*Il s'avance sur Rifolard.*)

RIFOLARD, *toujours assis.*

Portier, à c'tte loge!... (*Pendant le chœur suivant, Sabourin cherche à enlever Rifolard; mais, au lieu que ce soit Sabourin qui enlève, c'est lui qui est enlevé par Rifolard, qui l'emporte sur son dos.*)

ENSEMBLE.

AIR : *des Chevaux-Légers.* (Pré aux Clers.)

Est-ce un cauchemar? est-ce un rêve?
Quel singulier
Particulier!
Au lieu que le portier l'enlève,
Voilà qu'il enlèv' le portier!

(*Rifolard sort par le fond-milieu avec Sabourin, toujours sur son*

* Der. — Bri. — Ber. — Mad. Dar. — Rif.
** Ber. — Bri. (*derrière Dardanel*). — Dar. — Mad. Dar. — Rif.
*** Bri. — Ber. — Mad. Dar. — Dar. — Sab. — Rif.

dos.— Tous les autres personnages, stupéfaits, tombent assis en même temps : Berthe sur la chaise près de la table, Dardanel sur celle près de la table à ouvrage, madame Dardanel sur la causeuse, et Briquette sur une chaise entre la porte du fond à gauche et celle du milieu. — Tous se mettent à s'éventer.)

SCÈNE XI.

BERTHE, BRIQUETTE ET Mme DARDANEL, *au fond*, DARDANEL.

BRIQUETTE.

Ah ! il est enfin parti !

DARDANEL.

Ah !... c'est pour en mourir !

Mme DARDANEL.

Oh ! le vilain homme !...

BERTHE.

C'est égal, papa... je lui trouve l'air bien distingué...

DARDANEL, *se levant.*

Et ma fille trouve qu'il a du chic !... (*Les autres se lèvent aussi et viennent en scène.*)

* BRIQUETTE.

Il est insupportable !... mais il est drôle comme tout !...

DARDANEL.

Et quand je pense que les émotions... Je dois être très-malade à l'heure qu'il est... A propos, quelle heure est-il ?...

BERTHE, *regardant la pendule.*

Bientôt dix heures, papa.

DARDANEL.

Alors je ne connais qu'un seul moyen de calmer mes émotions... c'est d'aller me coucher... Ah ! Briquette... et ce bain que j'avais commandé ?...

BRIQUETTE.

M'sieu, on devait l'apporter à neuf heures...

DARDANEL.

Alors, comme la dernière fois, ils l'auront oublié... Va chercher les bougeoirs.

BRIQUETTE,

Oui, m'sieu. (*Elle sort par le fond, à gauche.*

** Mme DARDANEL.

Tu ne te sens pas mal, mon ami ?...

* Bri. — Ber. — Dar. — Mad. Dar.
** Ber. — Dar. — Madr Dar.

DARDANEL.

Je ne me sens par mal... mais je ne me sens pas bien...

Mme DARDANEL.

C'est le sommeil... Allons, Briquette, les bougeoirs?...

BRIQUETTE, *en dehors.*

Voilà, Madame.

BERTHE.

Bonsoir, papa... (*Allant à sa mère.*) * Bonsoir, maman!...

Mme DARDANEL, *l'embrassant.*

Bonsoir, ma fille!...

DARDANEL.

Ah!... je crois que j'ai eu trop d'émotions!...

(*Briquette rentre par le fond à gauche. — Elle apporte trois bougeoirs, elle en donne un à Berthe, qui passe à droite, le second à Dardanel, et garde le troisième. —Madame Dardanel vient à la droite de son mari.*)

ENSEMBLE

AIR : *Bonsoir, monsieur Pantalon.*

Bonsoir! (*bis.*)
Au revoir!...
Puisque cette affreuse journée,
Grâce au ciel, est enfin terminée,
Bonsoir!
Au revoir!
Bonsoir! (*bis.*) } *Bis.*
Au revoir! }

(*Pendant cet ensemble, Berthe a soufflé la bougie qui est sur la table à gauche; puis ils sortent tous, Berthe, après que son père l'a embrassée, par la droite; M. et madame Dardanel par le fond à droite, et Briquette par le fond à gauche. — Toutes les portes se referment. — Le théâtre reste vide un instant et plongé dans l'obscurité. — L'orchestre continue en sourdine l'air précédent.*)

SCÈNE XII.

RIFOLARD, *seul.*

(*Il ouvre lentement la porte du fond-milieu, et dit en passant la tête.*) Pardon... serait-ce indiscret?.. Ah! comme il fait noir ici!.. Tiens, personne!.. (*Entrant tout à fait.*) Heureusement, j'ai des allumettes!.. (*Il tire de sa poche une boîte d'allumettes chimiques, et, pendant ce qui suit, il allume successivement la bougie de la table*

* Dar. — Ber. — Mad. Dar.
** Bri. — Mad. Dar. — Dar. — Ber.

à ouvrage, les candélabres de la cheminée et le flambeau de la table à gauche. — Le jour se fait petit à petit, à mesure qu'il allume) J'ai déposé le portier dans sa loge, et j'ai fait taire sa conscience avec 40 sous... et, possesseur de la clé que j'avais subtilisée en sortant, je pénètre dans cet intérieur bourgeois... Ah! que l'ingratitude humaine est une horrible chose!.. Je vous demande un peu si je ne suis pas la Providence de ces crétins-là!.. Ils étaient tristes, ils devaient s'ennuyer mutuellement... J'arrive... je les fais chanter... ils chantent!.. ils sont heureux!.. et voilà ma récompense! Oh! l'espèce humaine est dégoûtante! mais ils ont beau ne pas vouloir de moi, je veux d'eux!.. je leur suis indispensable!.. (*Regardant autour de lui, après avoir tout allumé.*) C'est mal éclairé ici... (*Désignant le plafond.*) Il faudra que je fasse mettre un petit lustre là... et des candélabres de distance en distance... C'est comme ces meubles... est-il possible de placer une commode à côté d'une fenêtre!.. Et cette causeuse, entre deux portes!.. Faut-il être bê .. (*Se reprenant.*) Faut-il être Dardanel!.. Ça ne peut pas rester comme ça!.. (*Il va prendre la causeuse, qu'il traîne au milieu du théâtre, puis il prend la commode, qu'il met à la place de la causeuse, tout cela pendant le couplet suivant.*)

AIR : *Adieu, je vous fuis, bois charmant.*

Vite, rangeons... rangeons partout...
Mettons chaque meuble à sa place.
Ces crétins-là n'ont pas de goût :
Ayons pour eux un peu de grâce.
En ces lieux, je rentre en vainqueur;
J'y resterai, quoiqu'il advienne...
Car je veux faire leur bonheur,
Quand ça d'vrait leur fair' de la peine.
Oui, je veux faire, etc.

(*Venant s'asseoir sur la causeuse.*) On est très-bien sur ce tête-à-tête... Ah! si ma Berthe adorée était là!.. Comment donc la prévenir mystérieusement?.. (*Avisant son trombonne et se levant*). Ah!.. (*Il va le prendre.*) Ici, tout le monde sommeille... c'est le moment de jouer une rêverie... Cupidon, donne-moi du vent!.. (*Il souffle de toute sa force dans son trombonne quelques mesures de l'air : Nonnes, qui reposez... de Robert le Diable.— Les deux portes du fond, à droite et à gauche et la porte latérale de droite s'ouvrent en même temps, et l'on voit paraître Dardanel en robe de chambre et pantalon de molleton, Madame Dardanel, Berthe et Briquette en jupons courts, camisoles, et coiffes de nuit. — Ils ont à la main leurs bougeoirs qu'ils vont poser sur la commode — Tableau. — Rifolard va reporter son trombonne près de la cheminée.*)

SCÈNE XIII.

BRIQUETTE, *venant par le fond à gauche*, RIFOLARD, DARDANEL ET Mme DARDANEL, *entrant par le fond à droite*, BERTHE, *arrivant par la droite. — Tous s'arrêtent un instant, stupéfaits.)*

ENSEMBLE.

AIR : *de Carabins et Carabines.*

Ciel! quel bruit effroyable!
C'est pour en perdre la raison!
Décidément le diable
Est dans cette maison! } *Bis.*

(Pendant la première partie de cet ensemble, Dardanel et Rifolard se sont disputé la causeuse, qu'ils finissent par lâcher tous les deux. Berthe et Briquette la prennent alors et vont la mettre dans le coin à gauche où était la commode.)

* DARDANEL.

Bien vite, éteignons ces lumières!

(Il souffle la bougie de la table à ouvrage, puis celles des candélabres. — Madame Dardanel souffle les bougies.

RIFOLARD.

Me laisser dans l'obscurité!...

DARDANEL.

Pour éclairer tant de misères,
C'est bien assez d'une clarté.

RIFOLARD.

Mieux vaut l'entière obscurité!...

(Il éteint la seule bougie restée allumée sur la table de gauche. — Nuit complète.)

REPRISE ENSEMBLE.

Ah! c'est abominable!
C'est pour en perdre la raison! etc.

(Pendant cette reprise, Rifolard embrasse Berthe, qui se trouve près de lui, tandis que Dardanel s'embarrasse dans la chaise qui est près de la table à ouvrage. — Il fait tomber cette chaise et manque de tomber avec. — A la fin de l'ensemble, la porte du fond-milieu s'ouvre, et Sabourin paraît une lumière à la main ; Briquette la lui prend et va la poser sur la table à gauche. — Le jour se fait.)

* Rif. — Bri. — Ber. (*au fond.*) — Mad. Dar. (*près de la commode.*) — Dar.

SCÈNE XIV.

LES MÊMES, SABOURIN, *en pet-en-l'air et pantalon de tricot.*

* SABOURIN, *entrant.*

Ah!.. (*Berthe s'est réfugiée près de ses parents.*)

DARDANEL, *relevant sa chaise.*

Père Sabourin, va me chercher la garde! (*Rifolard s'est assis près de la table à gauche, et se met à écrire tranquillement.*)

SABOURIN.

Oui, M'sieu!

DARDANEL.

Mais, pas seulement quatre hommes et un caporal!... Amène-moi tout ce qu'il y a de garnison à Paris!...

SABOURIN.

Oui, M'sieu.

DARDANEL.

Tâche de te procurer de l'artillerie!... (*Il s'assied près de la table à ouvrage. — Sa femme et sa fille s'approchent de lui, ainsi que Briquette, qui lui donne un verre d'eau sucrée, qu'elle prend sur la cheminée.*)

SABOURIN.

Oui, M'sieur... (*Il va pour sortir par le fond-milieu.*)

** RIFOLARD, *avec un grand sang froid.*

M. Sabourin?... (*Sabourin s'arrête : — Rifolard lui tend le papier sur lequel il vient d'écrire.*) Au nom du propriétaire... lisez!... (*Sabourin prend le papier.*)

DARDANEL.

Décidément c'est le diable!... (*Madame Dardanel se rapproche de Sabourin, pour écouter.*)

SABOURIN, *lisant.*

« Je, soussigné, Antinoüs Rifolard, déclare louer l'appartement « sis au second sur le derrière, rue Sainte-Anne, aux conditions de « 800 francs par an. — Je fais un bail de 3, 6, 9, au gré du pro-« priétaire. — En foi de quoi, je signe. » « Antinoüs Rifolard. »

« *Post-scriptum.* — Honneur aux propriétaires! » (*Il salue Rifolard.*

RIFOLARD.

Tenez, concierge, voilà pour vos arrhes. (*Il lui donne une pièce de 5 francs.*)

SABOURIN.

Cinq francs!...

* Bri. — Rif. — Sab. — Mad. Dar. — Dar. — Ber.

** Rif. — Sab. — Mad. Dar. — Bri. — Dar. — Ber.

Mme DARDANEL, *joyeuse, à son mari.*

Mon ami, l'appartement est loué.

DARDANEL, *ahuri.*

Comment?... Quoi?... Qu'est-ce que ça veut dire? (*Briquette, après avoir reporté le verre sur la cheminée, est redescendue à droite.*)

* RIFOLARD, *se levant.*

Monsieur et mesdames, par la raison que je ne suis jamais indiscret, je n'aime pas qu'on le soit avec moi... je vous prie de remarquer que vous êtes ici chez un garçon, seul, et qu'il fait nuit close...

DARDANEL, *se levant.*

Comment, M'sieur!...

Mme DARDANEL,

Vous prétendez!...

RIFOLARD.

Nous sommes le 17... l'appartement m'appartient depuis le 15... n'est-ce pas concierge?...

SABOURIN.

Oui, M'sieur... et je vais prévenir le propriétaire. (*Il sort par le fond-milieu.*)

SCÈNE XV.

RIFOLARD, Mme DARDANEL, DARDANEL, BERTHE, BRIQUETTE.

RIFOLARD.

Oh! je connais mes droits!...

** DARDANEL, *passant près de Rifolard.*

Monsieur, je vous ferai un procès!

*** RIFOLARD, *le repoussant et passant près de madame Dardanel.*

Je le gagnerai, Monsieur... je connais des journalistes!

**** BERTHE, *venant près de Rifolard.*

Je vous en prie, Monsieur...

RIFOLARD.

Oh! Mademoiselle...

AIR : *Je sais attacher des rubans.*

Si vous m'implorez, vos beaux yeux
Pourront compromettre ma cause.

* Rif. — Sab. — Mad. Dar. — Dar. — Ber. — Bri.
** Rif. — Dar. — Mad. Dar. — Ber. — Bri.
*** Dar. — Rif. — Mad. Dar. — Ber. — Bri.
**** Dar. — Rif. — Ber. — Mad. Dar. — Bri.

BERTHE.

Allez-vous-en... quittez ces lieux.

RIFOLARD.

Demandez-moi toute autre chose.
Pour une nuit faut-il vous abriter?...
Ne craignez rien des censeurs qui nous raillent,
Près de moi vous pouvez rester...

(*Monsieur et madame Dardanel se rapprochent avec joie.*)

Pourvu que vos parents s'en aillent.

(*Monsieur et madame Dardanel s'éloignent.*)

Oui, je veux bien vous abriter...
Mais que vos bons parents s'en aillent!

(*Berthe retourne entre sa mère et Briquette.*)

* DARDANEL, *passant près de sa femme.*

Ah! c'est trop fort!... c'est tellement affreux que cela devient comique!... (*Riant d'une manière forcée.*) et je ris!... je ris!... ah! ah! ah!...

SCÈNE XVI.

LES MÊMES, DEUX GARÇONS DE BAINS.

** UN GARÇON DE BAINS, *entrant par le fond-milieu.*

M. Dardanel, s'il vous plaît?

DARDANEL.

C'est ici.

LE GARÇON.

Monsieur, c'est le bain qu'on vous apporte. (*Il va au fond, et, aidé d'un autre garçon, il roule une baignoire jusqu'au milieu du théâtre à gauche! puis le second garçon va chercher deux seaux d'eau qu'il verse dans la baignoire; ensuite ils sortent tous les deux par le fond-milieu. — Tout cela se fait pendant le dialogue suivant.*)

RIFOLARD.

Un bain!... ah! voilà mon affaire!...

TOUS.

Hein?...

RIFOLARD.

Après tous les ennuis que vous m'avez procurés...

* Rif. — Dar. — Mad. Dar. — Ber. — Bri.
** Rif. — Le garçon. — Dar. — Mad. Dar. — Ber. — Bri.

DARDANEL, *se mettant devant la baignoire.*

Monsieur, la plaisanterie a des bornes qu'il est défendu de franchir ! Monsieur, vous ne franchirez pas les bornes !...

RIFOLARD.

Les bornes !... non !... mais je franchirai la baignoire !...

TOUS.

Oh !...

RIFOLARD.

L'eau, c'est mon élément !... Je suis canotier !... (*Chantant à pleine voix.*)

Canotier !
Quel joli métier !...
Ohé !
Mill' sabords !
Mill' tribords !...

BERTHE, *surprise.*

Qu'entends-je ?...

BRIQUETTE, *de même.*

Ce refrain ?...

BERTHE.

Celui que chantait mon sauveur !...

BRIQUETTE.

Et que nous chantions encore tout à l'heure !...

* RIFOLARD, *passant près de madame Dardanel, à Berthe.*

Vous savez ce refrain ?...

BERTHE.

Il me rappelle le 25 août...

RIFOLARD.

Août !... Attendez donc... Ce jour-là, j'ai sauvé une jeune fille !...

TOUS.

Vous !...

RIFOLARD.

Il ne faisait pas de lune... Est-ce que ce serait !...

BERTHE.

C'était moi !...

RIFOLARD.

Vous !...

* Dar. — Rif. — Mad. Dar. — Ber. — Bri.

SCÈNE XVII.

LES MÊMES, *moins les garçons de bains,* SABOURIN, PUIS CHATOYANT.

* SABOURIN, *entrant par le fond-milieu.*

Monsieur, je viens de prévenir le propriétaire... il n'était pas couché, et il veut terminer tout de suite.

RIFOLARD.

C'est bien... qu'il entre !...

DARDANEL.

Oui, qu'il entre !... je suis bien aise... Ah ! venez... venez... mon cher propriétaire !... il faut. . (*Chatoyant entre par le fond-milieu ; il est en robe de chambre, bonnet de nuit, et tient à la main un bougeoir allumé.*)

** RIFOLARD, *reculant.*

Ciel ! mon oncle !...

CHATOYANT, *posant son bougeoir sur la commode.*

Rifolard !... oses-tu bien te remontrer à mes yeux !... (*Il descend la scène.*)

RIFOLARD.

Mon oncle... vous vous portez bien ? J'ai l'honneur de vous demander la main de mademoiselle Berthe Dardanel... son père me la refuse pour cause de cinq... (*Se reprenant.*) de quatre et demi pour cent...

CHATOYANT.

Va-t-en !...

RIFOLARD, *le prenant a part.*

Prenez-y garde !... Je vous ai retrouvé... je connais votre numéro... Je puis me présenter à ma tante, et valser avec elle !...

CHATOYANT, *à part.*

O ciel !... (*haut*) Marie-toi... et va te promener !... Je te donne 20,000 francs !...

RIFOLARD, *se jetant en arrière.*

20,000 francs ! (*Dans son mouvement, il a poussé Dardanel, qui se trouvait entre lui et la baignoire et qui tombe dedans.*)

DARDANEL.

Ah !... (*Tout le monde se précipite vers la baignoire.*)

* Dar. — Rif. — Sab. — Mad. Dar. — Ber. — Bri.
** Dar. — Rif. — Chat. — Mad. Dar. — Ber. — Sab. (*au deuxième plan.*) — Bri.

ENSEMBLE.

AIR : *Ciel! Ferdinand!*

Quel contre-temps !
Que d'accidents !
Ah ! que d'événements !
Après tant d'accidents !...
Le voilà dedans;...

RIFOLARD, *à Dardanel, qui est toujours dans la baignoire.)* Monsieur Dardanel, j'ai l'honneur de vous demander la main de votre fille !

REPRISE ENSEMBLE.

Quel contretemps ! etc.

(*Pendant cette reprise, on aide Dardanel à sortir de la baignoire, il tord sa robe de chambre qui égoutte : Briquette la lui retire et la met sur une chaise.)*

* RIFOLARD.

Vous l'avez entendu, Monsieur Dardanel... j'ai 20,000 francs de dot, et... des espérances...(*Bas.*) Mon oncle est très.vieux... Voyez... il n'a pas six semaines dans le ventre... (*Haut.*) Vous me devez 50 francs.

DARDANEL.

Je ne vous en dois que 25.

RIFOLARD.

Vous m'en devez 50... 25 pour avoir tiré votre fille de la rivière, et 25 pour vous avoir tiré de cette baignoire...

DARDANEL, *à part.*

Au fait, c'est l'héritier du propriétaire... 20,000 francs... (*Haut*). Et ma fille trouve qu'il a du chic...

BERTHE.

Oui, papa !

DARDANEL, *à part.*

Après çà, je n'ai peut-être pas d'autre moyen de m'en débarrasser...

RIFOLARD.

Vous consentez ?...

DARDANEL.

Eh bien! oui... mais, allez-vous-en !... Il se fait tard... Chatoyant, emmenez votre neveu !...

CHATOYANT.

Jamais !

* Sab. — Bri. — Chat. — Dar. — Rif. Mad. Dar. — Ber.

RIFOLARD.

Alors, je suis obligé de rester ici !

DARDANEL.

Ici !...

RIFOLARD.

Mon Dieu !... Dardanel, ne vous gênez donc pas pour moi... Vous savez combien je serais fâché d'être importun... Rentrez tout bêtement dans votre chambre... ma belle-mère reposera près de mon épouse.. et moi, en joignant deux fauteuils, je serai très-bien... (*Regardant Berthe.*) en attendant que je sois mieux.. (*Berthe baisse les yeux. — A part.*) Elle a compris... Je crois qu nous aurons beaucoup d'enfants.

CHOEUR FINAL.

AIR : *de l'if de Croissey.*

Cette affreuse journée,
Malgré cet importun,
Est enfin terminée
Au gré de chacun.

RIFOLARD, *au public.*

AIR : *de madame Favart.*

Je trouve un excellent beau-père,
Je trouve un excellent portier,
Un excellent propriétaire...
Je suis content du mobilier.
Mais, dans ma demeure nouvelle,
Hôte nouveau, quand je viens m'installer,
Que par vous tous mon bail se renouvelle...
Je suis trop bien pour vouloir m'en aller.
Que, tous les ans, mon bail se renouvelle,
Je suis têtu, je n' veux pas m'en aller.

REPRISE DU CHOEUR.

FIN.

www.ingramcontent.com/pod-product-compliance
Ingram Content Group UK Ltd.
Pitfield, Milton Keynes, MK11 3LW, UK
UKHW020512180726
13839UKWH00005B/2046